BEI GRIN MACHT SICH IHR WISSEN BEZAHLT

AF156242

- Wir veröffentlichen Ihre Hausarbeit, Bachelor- und Masterarbeit

- Ihr eigenes eBook und Buch - weltweit in allen wichtigen Shops

- Verdienen Sie an jedem Verkauf

Jetzt bei www.GRIN.com hochladen und kostenlos publizieren

GRIN

Dietmar Mehrens

Lösungsbuch zum Arbeitsbuch Deutsch für das Germanistikstudium im Ausland (DaF)

GRIN Verlag

Bibliografische Information der Deutschen Nationalbibliothek:

Die Deutsche Bibliothek verzeichnet diese Publikation in der Deutschen National-
bibliografie; detaillierte bibliografische Daten sind im Internet über http://dnb.d-
nb.de/ abrufbar.

Impressum:

Copyright © 2013 GRIN Verlag GmbH
Druck und Bindung: Books on Demand GmbH, Norderstedt Germany
ISBN: 978-3-656-60276-7

Dieses Buch bei GRIN:

http://www.grin.com/de/e-book/268806/loesungsbuch-zum-arbeitsbuch-deutsch-
fuer-das-germanistikstudium-im-ausland

GRIN - Your knowledge has value

Der GRIN Verlag publiziert seit 1998 wissenschaftliche Arbeiten von Studenten, Hochschullehrern und anderen Akademikern als eBook und gedrucktes Buch. Die Verlagswebsite www.grin.com ist die ideale Plattform zur Veröffentlichung von Hausarbeiten, Abschlussarbeiten, wissenschaftlichen Aufsätzen, Dissertationen und Fachbüchern.

Besuchen Sie uns im Internet:

http://www.grin.com/

http://www.facebook.com/grincom

http://www.twitter.com/grin_com

Dietmar Mehrens

Deutsch macht Spaß!

Arbeitsbuch Deutsch für das Germanistikstudium im Ausland (DaF)

Lösungsbuch

Lösungen aller Übungen zu Fehlerschwerpunkten im Bereich der deutschen Grammatik

DIEBMA

DIE.BUCHMACHER

Vorwort des Herausgebers

Dieses Lösungsbuch und das dazu gehörige Arbeitsbuch entstanden in Zusammenarbeit mit einer Reihe von Kollegen, die gemeinsam mit mir an der Universität Nanjing chinesische Germanistik-Studenten in der deutschen Sprache unterweisen. Einen breiten Raum nimmt dabei naturgemäß – und oft im Gegensatz zu neuen Entwicklungen und Tendenzen im Deutsch-Unterricht an deutschen Einrichtungen im In- und Ausland – das Bewusstmachen von Besonderheiten der deutschen Syntax ein sowie, im Anschluss daran, die Vermittlung von Regeln der deutschen Grammatik, insbesondere in den Gebieten (hier Fehlerschwerpunkte genannt), in denen die Muttersprache ganz anders funktioniert. Damit ist auch gesagt, dass sich dieses Lehrwerk nicht an Neuanfänger wendet, sondern an alle, die mit den Grundlagen der deutschen Sprache bereits so vertraut sind, dass sich ein Bewusstsein für Schwierigkeiten und Problemfälle der deutschen Grammatik gebildet hat (ab Niveaustufe B1). Da besonderer Wert auf Idiomatik gelegt wird, empfiehlt sich dieses Buch nicht zuletzt als Ergänzung in der Vorbereitung für alle, die vor einer Zulassungsprüfung zum Studium in Deutschland stehen bzw. vor einer der einschlägigen Sprachprüfungen (Test DaF, DSH). Exemplarisch genannt sei in dieser Hinsicht die in der überarbeiteten Fassung des Arbeitsbuches neu in Lektion 3 eingefügte und hohe Anforderungen an den Fremdsprachenlerner stellende Übung 3 zu idiomatischen Wendungen mit Präpositionen, die hier selbstverständlich ebenfalls aufgelöst wird.

Im Kern orientiert sich *Deutsch macht Spaß!* an den spezifischen Anforderungen an chinesische Germanistik-Studenten, die in zwei landesweiten Universitätsprüfungen (Grundstudium und Hauptstudium) ihre Kenntnisse der deutschen Sprache und ihre Vertrautheit mit der deutschen Syntax nachweisen müssen. Dazu gehört neben umfangreichen Testfragen zu Wortschatz, Idiomatik und Grammatik auch ein Diktat, in dem zugleich Schreibrichtigkeit und Hörverstehen abgeprüft werden. Die 22 Diktattexte entfallen freilich in diesem Lösungsbuch, da sie in der korrekten Fassung bereits im Arbeitsbuch abgedruckt sind und keiner gesonderten Lösung bedürfen. Wie das Arbeitsbuch, auf das sich dieses Lösungsbuch bezieht, wendet es sich ungeachtet der Konzeption für die V.R. China zugleich an alle Deutsch-Studenten anderer Muttersprachen als der chinesischen und anderer Lerntraditionen als der asiatischen, handelt es sich doch bei den hier behandelten Problemfeldern und -fällen der deutschen Grammatik um Universalien, die Deutschlernern weltweit Schwierigkeiten bereiten und daher kaum jemals genug geübt werden können.

Inhaltsverzeichnis

Lektion 1: Das Verb – Tempora

Übung 1: Futur

Sie lassen sich von einer Wahrsagerin überreden, Ihnen die Zukunft vorherzusagen. Setzen Sie die Sätze **über Ihre Zukunft** aus dem Präsens ins Futur.

<u>Beispiel:</u> Und das Spiegelbild antwortet an jedem Morgen. → Und das Spiegelbild wird an jedem Morgen antworten.

Die Wahrsagerin sagt zu Ihnen:

Ich sehe großen Reichtum. Ich sehe, dass Sie ein großes Vermögen besitzen werden. Sie werden von Ihrem Mann und Ihren Kindern geliebt werden. Sie werden ein schönes Haus und einen schönen Garten haben und in dem Garten wird es einen Swimmingpool geben. Jeden Tag werden Sie darin schwimmen. Abends werden Sie, nachdem Ihr Mann den Abwasch in der Küche erledigt und das Kind ins Bett gebracht haben wird, in die Oper oder ins Konzert gehen. Vielleicht werden Sie sogar selbst Sängerin werden. Sie werden jedenfalls nur die schönsten Sachen tragen. Sie werden von all Ihren Freundinnen bewundert und beneidet werden. Und Sie werden gar nicht so viel Geld ausgeben können, wie Ihr Mann verdienen wird. Nie werden Sie auf etwas verzichten müssen. Jeden Morgen werden Sie, nachdem Sie aufgestanden sein werden, von Ihrem Spiegelbild geblendet werden, das Sie fragen werden: »Wer ist die Schönste im ganzen Land?« Und das Spiegelbild wird an jedem Morgen antworten: »Was ist denn das für eine dumme Frage? Ich natürlich!«

Übung 2: Präteritum

Stefan hatte vor einiger Zeit einen Unfall und erzählt seiner Freundin davon. Setzen Sie seine Geschichte ins Präteritum.

<u>Beispiel:</u> Ich bin gerade aus dem Haus gekommen. → Ich kam gerade aus dem Haus.

achtete, trat, ging, raste...zu, erwische, flog landete, war, fiel, sprach, spürte, fühlte sich...an, fuhr, konnte, musste, war, hielt, überlebe (bleibt gleich), bewies, lag, konnte, stützte, stand... auf, schlug...ein, lief...davon, starb, brachte, wuchs, ist (bleibt gleich), traf, hätte können (bleibt gleich), wurde, veränderte (besser. verändert hatte), ließ, brach, nahm...an, stellte.

Übung 3: Perfekt

a) Setzen Sie vom Präsens ins Perfekt:

1. Ich habe meiner Freundin geraten, die Sache sofort zu erledigen.
2. Ich habe ein Loch in die Erde gegraben, um einen Schatz zu verstecken.
3. Anne hat beschlossen, ihren Freund zu verlassen.
4. Wir sind drei Wochen in Südfrankreich geblieben und täglich im Meer geschwommen.
5. Die Diebe sind in die Schule eingebrochen und haben 25 Computer gestohlen.

b) Setzen Sie Partizip I oder II als Attribut ein:

Beispiel: Goethe war ein (lieben) Mann. → Goethe war ein liebender Mann.

1. lachende, 2. herumgekommener, bemalte, 3. beschäftigter, suchenden, 4. aussehender, ausgestatteter, bewährten, 5. offen stehende, kommende, 6. ausgebildet, 7. einladenden, 8. genommene, verletztes, eilenden, 9. geschminkte, 10. verpackte, kämpfender.

Lektion 2: Das Verb – Konjunktiv

Übung 1: Konjunktiv I und Konjunktiv II in der indirekten Rede

Setzen Sie den folgenden Text in indirekte Rede.

Aus einer Ansprache des Präsidenten der Universität Jena:

Der Präsident der Universität Jena sagte, es liege auf der Hand, dass alle sich anstrengen müssten, eine noch bessere Lehre und Forschung an ihrer Universität zu erreichen. Denn wer immer strebend sich bemühe, das habe schon Herr Goethe in ihrem Nachbarort Weimar gewusst, den könnten sie erlösen. Aber es sei nicht Erlösung, nach der sie strebten, es hand(e)le sich hier um eine Universität und nicht um eine Kirche. Er strebe nach Wachstum, nach einem Wachstum, das neues Wissen hervorbringe, wie auch die Pflanze, die im Frühjahr reife, im Sommer Früchte trage, die allen schmeckten. Was könnte es, so der Präsident, Besseres geben? Nun, es könne noch Besseres geben, es müsse noch Besseres geben. Denn wer aufhöre, sich zu bemühen, der begebe sich in die Gefahr, sich auf dem Erreichten auszuruhen. Doch jeder wisse doch, dass der Müßiggang aller Laster Anfang ist/sei, und nur wer keine Ruhe habe, schaffe immer Neues. Er jedenfalls sei nie in seinem Leben müde geworden, er dürfe auch heute nicht müde werden und erinnere immer wieder daran: Was man heute säe, werde man morgen ernten.

Übung 2: Konjunktiv I oder II? Setzen Sie passend ein.

1. Interessierte sich mein Sohn doch nur etwas mehr für Deutsch!
2. Der Meister sagte, ich könne/könnte ihn ja morgen noch mal anrufen.
3. Frau Merkel benutze dieselben Modewörter wie die Journalisten, berichtete die *Bild*-Zeitung.
4. Wenn du auf mich gehört hättest, wär(e)st du jetzt glücklicher.
5. Es scheint so, als ginge/gehe es dem Patienten heute besser als gestern.
6. Viele Menschen sähen sich gern mal im Fernsehen oder in einem Film.

7. Pia hat einen neuen Freund. Er dürfte sehr reich sein. Denn sie liebt Luxus.

8. Herr Schacht sagte zu seiner Sekretärin, sie müsse sich anders anziehen.

9. Du tust so, als ob du gar nicht wüsstest, worum es hier geht.

10. Herr Schacht sagt:»Käme meine Frau doch wieder zu mir zurück!«

11. Reich müsste man sein! Denn Reiche können sich alles kaufen.

Lektion 3: Die Präposition

Übung 1: Setzen Sie die richtige Präposition, falls nötig mit Artikel-Morphem (*ins, am* usw.), ein.

Innerhalb eines Zeitraums von drei Jahren gab es in Heidenau drei Banküberfälle. Beim ersten Banküberfall im Jahre 1999 erbeuteten die Räuber die Gesamtsumme von 20.000 D-Mark. Sie waren einfach während der Öffnungszeit der Bank in das Gebäude getreten und hatten Pistolen aus ihren Mänteln hevorgeholt, mit denen sie die Angestellten bedrohten. Trotz der Bedrohung für Leib und Leben hatte eine Angestellte den Mut, in der Hektik und Unruhe, die während des Überfalls im Raum aufgekommen war, einen Knopf unterhalb des Banktresens zu drücken. Durch das Drücken dieses Knopfs wurde ein Alarm ausgelöst. Mangels Erfahrung mit Überfällen – es hatte vorher in Heidenau noch nie einen ähnlichen Vorfall gegeben – hatte die Polizei jedoch keinen Erfolg. Denn bei(m) Eintreffen des Einsatzwagens waren die Räuber bereits außerhalb der Ortschaft. Seit diesem Tag herrschte große Sorge und Angst vor einem erneuten Überfall bei den Beschäftigten. Doch als es im Dezember 2001 erneut zu einem Überfall kam, war der Überfall aus dem Jahr 1999 bereits weitgehend vergessen, sodass die Räuber wieder erfolgreich zuschlagen konnten. Gegenüber der Situation von 1999 gab es jedoch einen spürbaren Fortschritt: Diesmal war die Polizei schneller am Tatort, aber die Diebe konnten trotz der zügigeren Ankunft der Polizisten wieder entkommen – in letzter Sekunde! Noch am selben Tag beschloss die Einsatzleitung der Polizei wegen/angesichts dieser erneuten Pleite, ab dem 1. Januar 2002 eine zivile Streife vor/nahe der Bank zu postieren. Der Wagen mit zwei Beamten stand gut verdeckt hinter einem alten Baum. Dank dieser Vorsichtsmaßnahme scheiterte der dritte Überfall im Juni 2002: Nach dem Aussteigen aus ihrem Wagen konnten die gefährlichen Verbrecher, zwei schon lange gesuchte Mitglieder einer russischen Mafia-Bande, direkt am Eingang zu dem Bankgebäude verhaftet werden. Gegen die schwer bewaffneten Räuber konnten sich die Beamten jedoch nur dank ihres sicheren Umgangs mit Schusswaffen durchsetzen: Einem der Täter wurde ins Bein geschossen, der andere ließ sich ohne Widerstand mit dem Rücken an/gegen die Wand stellen. Für die Polizei und die Angestellten der Bank war es ein guter Tag, an dessen Ende alle – außer den Verhafteten natürlich – glücklich und erleichtert waren. Doch auf diesen glücklichen Ausgang hatten alle lange warten müssen. Es war ein langer Weg bis zum Erfolg.

Übung 2: *Wilhelm Tell*. Setzen Sie die richtige Präposition, wo nötig, mit Artikel ein:

Wilhelm Tell war ein frommer Mann aus Uri. Das ist eine Region in der Schweiz. Ein
stolzer Landvogt wollte, dass alle seinen Hut grüßten. Wilhelm Tell fand, dass das keine so
gute Idee war, und grüßte den Hut nicht.
Tell wurde zum Landvogt gebracht. Tells kleiner Sohn geriet zwischen die Fronten des
Konflikts. Denn Wilhelm Tell musste mit der/einer Armbrust einen Apfel vom Kopf seines
Sohnes schießen. Bereits beim/mit dem ersten Schuss konnte Tell den Apfel vom Kopf
seines Sohnes schießen; die Frucht fiel getroffen zu Boden.
Später war Tell zusammen mit dem Landvogt auf einem See. Sie befanden sich also auf
demselben Schiff. Ein großer Sturm kam auf. Tell konnte fliehen. Er ging nach Küssnacht.
Das ist eine kleine Stadt in der Schweiz. Ein sehr genauer Schuss tötete schließlich den
Landvogt, als dieser auch in die Stadt kommen wollte, in der Tell sich befand.
Die Geschichte von Wilhelm Tell ist nicht nur in der Schweiz, sondern auch in Deutschland
sehr bekannt, da Friedrich Schiller, ein berühmter deutscher Dichter, ein wunderbares
Theaterstück über Wilhelm Tell schrieb.

Übung 3: Finden Sie andere Ausdrücke <u>mit Präposition</u> für die markierten Satzteile.

1. Unser Lehrer kann uns wirklich nicht für die deutsche Literatur begeistern.
2. Herr Pauli hat gar keine Notiz davon genommen, dass sein Sohn neben ihm an der
Theke stand.
3. Was steckt eigentlich hinter dieser Politikverdrossenheit?
4. Der Chef will mich feuern. Lässt sich da nichts machen? – Mal sehen, meine Mutter hat
einen guten Draht zu ihm.
5. Thotti und Bettina verbargen vor ihren Freunden, dass sie geheiratet hatten.
6. Schlechtes Wetter bringt leider meistens auch schlechte Laune mit sich.
7. Ganz besonders ist an dieser Stelle auch darauf hinzuweisen, dass Evi Meyer mit ihren
Hinweisen zum Gelingen dieses Buches beigetragen hat.
8. Der Redner hob den Beitrag des Drehbuchautors zum Gelingen des Films hervor.

9. Der Gewerkschaftsführer appellierte an die Regierung, sich mehr für die Belange der Arbeiter einzusetzen.

10. Diese Novelle von Stefan Zweig regt uns dazu an, die Folgenschwere eines winzigen Augenblicks neu zu bewerten.

(Selbstverständlich sind für diese Übung auch hier nicht genannte andere Lösungen möglich.)

Lektion 4: Das Adjektiv

Übung 1: Adjektive mit Dativ-Ergänzung

Bilden Sie Sätze.

Beispiel: peinlich – er – die Situation - sein
→ Die Situation war ihm peinlich.

1. Ich bin meiner Schwester immer überlegen.
2. Die Menschen werden der Umweltverschmutzung niemals gewachsen sein.
3. Er ist ihm, Herrn Müller, jeden Tag böse.
4. Ihr Verstand ist ihr nicht bewusst.
5. Die Bezeichnung ist dem Touristen nicht geläufig.
6. Sei der Dame bitte beim Öffnen der Tür behilflich.
7. He Cheng ist ihr nicht sympathisch./Sie ist He Cheng nicht sympathisch.
8. Die Situation in China ist der Situation in den USA nicht ähnlich.
9. Der Lohn muss einer schweren Arbeit angemessen sein.
10. Sein gieriges Verhalten ist dem Mann von der Bank angeboren.

Übung 2: Adjektiv-Deklination

Ergänzen Sie die Adjektiv- sowie zusätzlich die Substantiv-Endungen.

Kluge Frauen sind nicht intelligenter als kluge Männer. Sie sind nur emotionaler und
flexibler. Zu diesem eindeutigen Ergebnis kam eine amerikanische Studie. Weil Frauen
Kinder bekommen, weil sie für sie sorgen müssen und weil sie immer eine Spitzenposition
im eigenen Haushalt haben, sind sie jeder Stresssituation gewachsen. Je mehr es jedoch
um Kraft, technisches Verhalten oder angeborenes Denken gehe, so ein erfahrener
Psychologe, desto abhängiger würden Frauen von Männern, die bei solchen typisch
männlichen Stärken eindeutig gegenüber Frauen im Vorteil seien. Einer Umfrage an der
Universität Heidelberg zufolge reden Frauen im Vergleich zu Männern mehr und hören
besser zu, was ganz dem weiblichen Idealbild entspricht.

Lektion 5: Attribute

Übung 1: Genitiv-Attribute

Bilden Sie aus den Sätzen mit dem Verb *gehören* Sätze mit Genitiv-Attribut.

Beispiel: Der Schal, den du trägst, gehört doch deiner Mutter, oder? → Du trägst doch den Schal deiner Mutter, oder?

1. Dort oben können wir das Haus einer bekannten Schauspielerin sehen.
2. Wir wollen morgen auf dem Golfplatz des Golfvereins Bad Ems spielen.
3. Ich trete morgen meine neue Stelle in der Firma meines Onkels an.
4. Verenas Katze wurde überfahren.
5. Die Unterlagen der Gesellschaft für humanes Sterben wurden gestohlen.
6. Die Verbrechen zweier Hamburger werden vor Gericht verhandelt.
7. Das Rad eines Lastkraftwagens war in den Graben gerollt.
8. Die Zeitung berichtete von dem Unglück eines jungen Mädchens aus Irland.

Übung 2: Appositionen

Formen Sie die Relativsätze in Appositionen um.

Beispiel: Christian Klar, der zu den schlimmsten RAF-Terroristen gehört, kam ins Gefängnis. → Christian Klar, einer der schlimmsten RAF-Terroristen, kam ins Gefängnis.

1. Herta Müller, die Literaturnobelpreisgewinnerin von 2009, ist eine deutschsprachige Autorin.
2. der Anführer eines Indianerstamms
3. früher Trainer der Nationalmannschaft/der frühere Trainer der Nationalmannschaft
4. ein Erbstück (Erbe) von Maria
5. ein sehr seltenes Exemplar
6. ein Reptil

7. letztes Jahr noch Teilnehmer der Ski-WM

8. ein Geschenk von Oma

9. eine wichtige Kultur- und Gedenkstätte

10. ein Geschenk unserer Kinder

Übung 3: Präpositionale Attribute

Machen Sie die markierten Satzteile zu Nominalphrasen mit präpositionalen Attributen.

Beispiel: **Wenn ich an die Lage der Arbeitslosen in Südafrika denke,** werde ich nervös.
→ **Bei dem Gedanken an die Lage der Arbeitslosen in Südafrika** werde ich nervös.

1. Nach (der) Überwindung der Angst vor dem/einem totalen Einbruch der Kurse...

2. ... weil meinem Mann die Bereitschaft zur Vernachlässigung seiner Firma fehlt.

3. Bei/Im Falle einer Nikotinabhängigkeit/Abhängigkeit von Nikotin ...

4. Die Hoffnung auf Gott ist manchmal die einzige Lösung.

5. Die Sorge um die eigene Gesundheit ist sinnlos.

6. Martins Ärger über die Kritik des Chefs ist nachvollziehbar.

7. Dem Journalisten fällt der Bericht über den Bombenangriff schwer.

8. Unsere Fragen nach Papas Gesundheitszustand blieb unbeantwortet.

Übung 4: Attributsätze (Relativsätze)

a) Bilden Sie Relativsätze. Der zweite Satz soll zum Relativsatz des ersten werden!

Beispiel: Ich liebe meine Frau. Meine Frau ist schön.
→ Ich liebe meine Frau, die sehr schön ist.

1. Männer und Frauen, deren Fähigkeiten sich in vielen Bereichen unterscheiden, können nicht dieselben Aufgaben übernehmen.

2. Lass uns bitte nicht mehr über unsere Unterschiede, für die es gute Gründe gibt, streiten.

3. Kinder, mit deren Eltern es oft Meinungsverschiedenheiten gibt, sollten nicht zu lange bei ihren Eltern wohnen.

4. Meine Tochter, deren Freund ich für einen Dummkopf halte, möchte mit ihrem Freund zusammenziehen.

5. Die Wiener, denen selten etwas schwer fällt, sind bekannt für ihre Ruhe und Gelassenheit.

b) Machen Sie einen Bandwurmsatz, indem sie Relativsätze ergänzen.

Das Haus ist groß. Seine Farbe ist rot.
→ Das Haus, dessen Farbe rot ist, ist groß.
Mit ihr ist jede Wand angestrichen worden.
→ Das Haus, dessen Farbe, mit der jede Wand angestrichen worden ist, rot ist, ist groß.

Jede Wand in diesem Haus steht auf einem Fundament, das aus Beton besteht, der von einer Schweizer Firma geliefert wurde, die Mario Basler, der früher ein berühmter Fußballspieler war, der bei Werder Bremen und dem FC Bayern München, die, was jeder, der sich für Fußball interessiert, weiß, international erfolgreich sind, gespielt hat, gehört.

c) Bilden Sie Relativsätze ohne Bezugswort mit den Wörtern *wer* (*wem, wen*) oder *was.*

Beispiel: Jeder, der nachts nicht schläft, wird morgens müde sein.
→ Wer nachts nicht schläft, wird morgens müde sein.

Stefan ist nach Hause gekommen. Das freut mich sehr.
→ Stefan ist nach Hause gekommen, was mich sehr freut.

1. Er hat sehr genau argumentiert, was mir an diesem Aufsatz am meisten gefällt.
2. Wer immer strebend sich bemüht, den können wir erlösen.
3. Was (immer) er anfasst, ist im nächsten Augenblick kaputt.
4. Wer immer uns um Hilfe bittet, dem helfen wir./Wer uns um Hilfe bittet, dem helfen wir immer.
5. Wem Gott will rechte Gunst erweisen, den schickt er in die weite Welt (deutsches Volkslied).

6. Wen wir verachten, behandeln wir schlecht.

7. Wer uns gut behandelt, den behandeln wir auch gut.

8. Was du nicht weißt, macht dich nicht heiß (Sprichwort).

9. Was sich neckt, das liebt sich (Sprichwort).

10. Wer kann, kommt.

Übung 5: Relativsatz und Apposition

a) Machen Sie aus dem Relativsatz eine Apposition.

<u>Beispiel:</u> Der Gefangene, der ein kranker Mann war, wurde entlassen. → Der Gefangene, ein kranker Mann, wurde entlassen.

1. Erika von Senden, damals die/die damalige Leiterin des ARD-Hauptstadtstudios, erklärte sich für befangen.
2. eine furchtbare Nervensäge
3. Zweigs beste Biografie
4. (die) Trägerin des Buchpreises 2009
5. einen strengen Vorgesetzten

b) Machen Sie aus der Apposition einen Relativsatz.

<u>Beispiel:</u> Der Gefangene, ein kranker Mann, wurde entlassen. → Der Gefangene, der ein kranker Mann war, wurde entlassen.

1. Auch die Ehefrau des Täters, die ebenfalls an der Tat beteiligt war, wurde verurteilt.
2. der Kanzler der Einheit genannt wird
3. die bekanntlich eine Ehebrecherin war/die als Ehebrecherin bekannt/berüchtigt war
4. die seltene Vögel sind
5. der als (ein) Geniestreich des Autors betrachtet werden kann

Lektion 6: Verben und Substantive in festen Fügungen

Übung 1: Wortschatzübung

a) Was passt? Setzen Sie in der grammatisch korrekten Form ein: *Gefahr besteht, für/gegen etwas sprechen, gegeneinander ausspielen, vereinbar/unvereinbar sein mit, warnen vor, Grenzen setzen, beimessen, für/gegen etwas demonstrieren, sich für/gegen etwas einsetzen, ausschließen, anhalten, Mittel zum Zweck sein.*

Tim: Gestern waren wir auf einer Protestveranstaltung, einem Marsch durch Berlin!

Ulf: Tatsächlich? Wofür habt ihr euch denn eingesetzt?

Tim: Man muss diesen furchtbaren Menschen endlich deutliche Grenzen setzen.

Ulf: Wovon sprichst du?

Tim: Na, die spielen uns doch alle gegeneinander aus: die Frauen gegen die Männer und die Männer gegen die Frauen.

Ulf: Wer denn? Gegen wen habt ihr denn protestiert?

Tim: Gegen *die Ärzte* natürlich.

Ulf: Was spricht denn, bitteschön, gegen unsere Ärzte?

Tim: Na, ihre Musik und ihre Texte sind einfach mit gutem Geschmack total unvereinbar. Es sind Texte ohne Moral und ohne positive Botschaft, zum Beispiel »Männer sind Schweine«. Das Lied ist doch nur Mittel zum Zweck und der Zweck ist Streit zu säen.

Ulf: Ach, du redest von der Musik-Gruppe »Die Ärzte«, sag das doch gleich! Nun, mit dem Geschmack der Fans scheinen ihre Texte sehr wohl vereinbar zu sein, oder?

Tim: Das ist ja das Schlimme. Deswegen haben wir auf der Demo vor ihnen gewarnt!

Ulf: Ich denke, deine anhaltende Kritik an den »Ärzten« ist übertrieben. Ich finde, dass bei der Musik der »Ärzte« keine Gefahr besteht und dass du einer einfachen Rock-Band viel zu große Bedeutung beimisst!

Tim: Hm.

Ulf: Und man kann sicher ausschließen, dass auf eurem Protestmarsch mehr Leute teilgenommen haben als an dem Konzert der »Ärzte« gestern. Dort waren 20.000 Besucher. Und bei euch?

Tim: Zwanzig. Und keine einzige Frau!

b) Bilden Sie Sätze mit *abhängen von* und *zurückführen auf.*

Beispiel: Wird der FC Bayern wieder Deutscher Meister? (Fitness von Robben und Ribéry)
→ Das hängt davon ab, ob Robben und Ribéry fit sind.

Wie kann man den Leistungsabfall von Guihua erklären? (Guihua zu wenig Vokabeln gelernt) → Das wird darauf zurückzuführen sein, dass Guihua zu wenig Vokabeln gelernt hat.

1. Das hängt vom Kommen eines neuen Hochdruckgebiets ab.
2. Das wird darauf zurückzuführen sein, dass die Rohstoffpreise wegen der hohen Nachfrage und des Wirtschaftswachstums gestiegen sind.
3. Das wird darauf zurückzuführen sein, dass die deutsche Grammatik schwieriger ist.
4. Das wird darauf zurückzuführen sein, dass die Autorin in ihrem Werk politisch brisante Themen behandelt.
5. Das hängt von der Entwicklung der Weltwirtschaft ab.
6. Das hängt vom Beschluss des Lehrerkollegiums ab.
7. Das hängt von der Geschwindigkeit des Busfahrers ab.
8. Das wird darauf zurückzuführen sein, dass Chinesen eine andere Bio-Struktur haben.
9. Das hängt von der Art deiner Ernährung ab.
10. Das ist darauf zurückzuführen, dass das Frühlingsfest wie das deutsche Osterfest vom Mondkalender bestimmt wird (keine Vermutung, daher auch kein *wird ... sein*).

Übung 2: Idiomatische Verbergänzungen

a) Ersetzen Sie die Verben durch Funktionsverbgefüge.

Beispiel: Du musst dich jetzt endlich mal entscheiden. → Du musst jetzt endlich mal eine Entscheidung fällen.

1. Wir müssen leider schon Abschied von euch nehmen.
2. Er hält heute Abend in Mailand und nächste Woche in München einen Vortrag.
3. Inzwischen sind wir zu der Überzeugung gelangt, dass Herr Müller krank ist, und zwar

schwer.

4. Kannst du mir jetzt mal bitte (eine) Antwort geben?

5. Der Richter hat aber wirklich ein sehr hartes Urteil gefällt.

6. So, endlich gibt es wieder Referate. Wer möchte denn den Anfang machen?

7. Er nimmt in seinem Schreiben Bezug auf ein Gespräch, das wir gar nicht hatten.

8. Die Rebellen leisteten der Regierungsarmee wochenlang Widerstand.

9. Ich habe Interesse an deinem neuen Freund.

10. Ebenezer treibt Handel mit schwarzer Ware.

b) Finden Sie das Verb mit dem richtigen Präfix, das zu der idiomatischen Akkusativ-Ergänzung passt.

Beispiel: Bei einer Wahl muss man seine Stimme <u>abgeben</u>.

1. nehmen ... an

2. abgeschlossen

3. aufgibt

4. erstatten

5. ergriffen

6. durchsetzen

7. auszuführen

8. annehmen

9. begangen

10. abgeben

c) Beantworten Sie die Fragen und benutzen Sie dabei Funktionsverbgefüge.

Beispiel: Was hast du gestern in der Bank gemacht? → Ich habe einen Sparvertrag abgeschlossen.

1. Er hat den Verkehr geregelt.

2. Ich habe mir eine Erkältung zugezogen.

3. Ich habe nie eine Prüfung bestanden.

4. Er gibt sein Amt auf.

5. Er packt seine Koffer.

(Vermerk: Selbstverständlich sind bei dieser freien Übung auch viele andere Antworten möglich.)

d) Bilden Sie Sätze, in denen Ausdrücke mit *stehen, stellen, setzen, kommen* und *bringen* vorkommen.

1. Marianne und Michael stellten im März 1989 einen Antrag auf Ausreise aus der »DDR«.

2. Sie hatten sich vorher schon die Frage gestellt, ob sie noch in der »DDR« leben möchten.

3. Sie hatten sich damit selbst in Gefahr gebracht, weil die »DDR« eine Diktatur war.

4. 1989 stand ihre Ausreise plötzlich nicht mehr zur Diskussion.

5. Sie standen nach dem Mauerfall vor der Wahl, ob sie bleiben oder gehen möchten.

6. Sie setzten sich mit ihren Verwandten in Kiel in Verbindung.

7. Marianne und Michael kamen zu dem Ergebnis, dass sie noch ein Jahr mit der Ausreise warten wollten.

8. Ihre Verwandten brachten Marianne und Michael auf die Idee, im Osten eine Firma zu gründen.

9. Marianne und Michael brachten die Idee gegenüber ihren Eltern zur Sprache.

10. Sie kamen schließlich gemeinsam zu dem Schluss, dass sie in Ostdeutschland bleiben würden.

Lektion 7: Nebensätze und andere Satzgefüge

Übung 1: Indirekte Fragesätze

Bilden Sie indirekte Fragen.

Beispiel: Wann kommst du? → Ich wollte wissen, wann du kommst.

1. Ich fragte den Mann, wo es denn, bitte, hier nach Hollywood gehe.
2. Ich wollte von meiner Schwester wissen, ob sie sich schon ein Visum für Nordkorea besorgt habe.
3. Stefan erkundigte sich bei seiner Mutter, wie es dem kranken Sohn von Frau Evers gehe.
4. Die Verkäuferin fragte den Kunden, womit sie ihm heute dienen könne.
5. Daniel fragte Frau Stricker, auf welche Weise man das Subjekt eines Satzes am besten erkennen könne.

Übung 2: Nebensätze mit Subjunktionen

a) Welche Subjunktion passt? Setzen Sie passend ein: *als, bevor, da, damit, dass, ehe, falls, indem, ob, obschon, obwohl, sodass, weil, wenn.*

ob, damit, da, obwohl/obschon, wenn, als, sodass, wenn, bevor/ehe, dass, falls, bevor/ehe, dass, als, als, indem, wenn, obwohl/obschon, weil, wenn

b) Setzen Sie passend ein: *sobald* oder *solange*?

Solange er im Auto wartet, kann ich ja schon mal die Wäsche holen.
Man sollte heiraten, solange man jung genug für Kinder ist.
Solange wir kein Visum haben, können wir auch nicht ausreisen.
Sobald Albert wieder mit mir spricht, werde ich ihm bei den Hausaufgaben helfen.
Komm bitte, sobald es geht. Ich habe Sehnsucht nach dir!

Solange du das Geld nicht auf die Bank gebracht hast, kann ich nicht ruhig schlafen.

Sobald der Betrag auf unserem Konto eingetroffen ist, wird die Ware an Sie versandt.

Man muss das Eisen schmieden, solange es heiß ist (Sprichwort).

Übung 3: *je...desto* (*umso*)

Bilden Sie in Sätze mit *je...desto* oder *je...umso*.

Beispiel: viele Menschen auf der Welt geben – Essen knapp werden → Je mehr Menschen es auf der Welt gibt, desto knapper wird das Essen.

1. Je stärker mein Bruder wird, desto mehr Angst bekomme ich vor ihm.

2. Je schlimmer die Finanzkrise wird, desto nervöser reagieren die Banken.

3. Je schwerer du arbeitest, desto größeren Respekt erntest du.

4. Je besser sich die Wirtschaft in China entwickelt, desto mehr Länder treiben mit China Handel.

5. Je später das Mädchen zur Verabredung kommt, desto ungeduldiger schaut der Junge auf die Uhr.

Übung 4: Infinitivkonstruktionen

Bilden Sie Infinitivsätze mit oder ohne *zu*!

Beispiel: Er behauptet, dass er ein reicher Mann sei. → Er behauptet, ein reicher Mann zu sein. Der Bundeskanzler sah, wie das Unheil seinen Lauf nahm. → Der Bundeskanzler sah das Unheil seinen Lauf nehmen.

1. Steffi bittet ihre Mutter darum, ihr etwas Brot vom Bäcker mitzubringen.

2. Die Polizei hielt es für ausgeschlossen, den Dieb noch fassen zu können.

3. Ich war mir sicher, die Prüfung zu schaffen.

4. Die Gemeinde ließ den Bürgermeister nicht für eine zweite Amtszeit kandidieren.

5. Der Patient fühlte seinen Puls kontinuierlich ansteigen.

6. Der Verein hoffte den Abstieg in die zweite Bundesliga verhindern zu können.

7. Annemarie stellte ihrem Freund in Aussicht, ihn nach Ablauf eines Jahres zu heiraten.

8. Hans-Joachims Eltern wissen sehr gut mit Kindern umzugehen.

9. Man hört die Glocken läuten, aber man weiß nicht, wo sie hängen.

10. Der Angeklagte steht unter dem dringenden Verdacht, seine Ehefrau betrogen zu haben.

Übung 5: Konditionalsätze

a) Bilden Sie Konditionalsätze. Entscheiden Sie selbst, ob Irrealis der Gegenwart oder der Vergangenheit die passende Form ist.

Beispiel: reich sein – ein Haus bauen → Wenn ich reich wäre, baute ich ein Haus.
Paul gestern Zeit haben – zu deiner Party kommen → Wenn Paul gestern Zeit gehabt hätte, wäre er zu deiner Party gekommen.

1. Wenn Adolf Hitler den Krieg nicht angefangen hätte, hätten die Deutschen weniger leiden müssen.

2. Hätte meine Schwester mir bei den Hausaufgaben geholfen, hätte ich letzte Woche eine bessere Prüfung geschrieben.

3. Wenn in Sarrakat Ende der sechziger Jahre kein Bürgerkrieg ausgebrochen wäre, hätten Mick und Marjorie vielleicht später heiraten können.

4. Wenn du mir jetzt mal helfen würdest (hülfest), wäre ich dir dankbar.

5. Wenn Albert besser rechnen könnte, müsste er jetzt nicht die Prüfung wiederholen.

6. Wenn das Auto nicht so einen hohen Preis hätte, würden wir es kaufen.

7. Wenn es draußen nicht so einen Krach geben würde (gäbe), würde mein Kind nun sicher schon schlafen (schliefe mein Kind nun sicher schon).

8. Wenn mein Bruder nicht seit drei Stunden auf der faulen Haut läge, würden seine Eltern ihn nicht tadeln.

9. Wenn Banditen damals nicht die »Cormoran« überfallen hätten, wäre Andy Morgan nicht ins Meer vor der französischen Küste gesprungen.

10. Wenn du nicht ständig die Nerven verlieren würdest (verlörest), würde es dir und deinen Kindern besser ergehen (erginge es dir und... .besser).

11. Wenn Frau Meyer mehr Geld verdienen würde, würde sie ein Aktienkonto eröffnen und ihr Geld in Aktien anlegen.

12. Wenn die Mannschaft besser spielen würde, würde der Trainer sie weniger kritisieren.

b) Bilden Sie irreale Wunschsätze.

Beispiel: Schade, dass es so viel regnet! → Würde es doch weniger regnen. → Regnete es doch weniger!

1. Würdest du doch (nur) höflicher sein. Wärst du doch (nur) höflicher.

2. Würde meine Schwester doch (nur) mehr von Chemie verstehen. Verstünde meine Schwester doch (nur) mehr von Chemie.

3. Stelltest du (doch) nur nicht so viele Fragen. Würdest du (doch) nur nicht so viele Fragen stellen.

4. Hätte meine Leistung den Lehrer (doch) nur zufrieden gestellt!

5. Schneite es doch diesen Winter! Würde es doch diesen Winter schneien!

Übung 6: Irreale Konsekutivsätze

Bilden Sie Sätze mit *zu...als dass*.

Beispiel: Sie war beschäftigt. Sie konnte nicht am Kurs teilnehmen. → Sie war zu beschäftigt, als dass sie am Kurs hätte teilnehmen können.

1. Sein Vertrauen war zu gering, als dass es ihm möglich gewesen wäre, den Aussagen der Politiker zu glauben.

2. Bodo Papke sprach zu wenig Englisch, als dass er Mr. Mains Vortrag hätte folgen können.

3. Andrea ist zu hübsch, als dass sie sich in einen hässlichen Mann verlieben könnte.

4. Der Nebel ist zu dicht, als dass die Autofahrer etwas sehen könnten.

5. Du bist zu klug, als dass du das Problem nicht verstanden hättest.

Übung 7: Irreale Konzessivsätze

Bilden Sie Sätze mit *auch wenn* + Konjunktiv.

<u>Beispiel:</u> Auch wenn ich Zeit <u>hätte</u>, <u>würde</u> ich nicht mit dir <u>ausgehen</u>. *Oder:* Auch wenn ich Zeit <u>hätte</u>, <u>ginge</u> ich nicht mit dir aus. *Oder:* Auch wenn ich Zeit <u>gehabt</u> <u>hätte</u>, <u>wäre</u> ich nicht mit dir <u>ausgegangen</u>.

1. liebte, schlüge
2. wäre, hätte ich mich nicht in ihn verliebt
3. zöge an, wäre
4. könnte, gäbe
5. geheiratet hätte, hätte... vergessen.

Das Arbeitsbuch, auf das sich dieses Lösungsbuch bezieht, ist im Internetbuchhandel erhältlich.